AF250647

LA VÉRITÉ ENTIÈRE

SUR LA CHARTE

ET

SUR LA CRISE ACTUELLE.

PAR H. AZAÏS.

Rien n'est beau que le vrai.

A PARIS

CHEZ A. BOULLAND, LIBRAIRE,

RUE SAINT-HONORÉ, N. 199.

ET A LA LIBRAIRIE CENTRALE,

Palais-Royal.

20 DÉCEMBRE 1829.

Cet écrit est le complément de l'ouvrage que j'ai publié récemment sous ce titre :

Principes de morale et de politique. Application au gouvernement du Peuple français, et aux conditions politiques de sa situation actuelle.

On le trouve chez le même libraire. — Prix : 2 fr.

PARIS. IMPRIMERIE DE E. POCHARD.

LA VÉRITÉ ENTIÈRE

SUR LA CHARTE

ET

SUR LA CRISE ACTUELLE.

Rien n'est beau que le vrai ; le vrai seul est aimable.

Ajoutons :

Le vrai seul est utile et durable.

De telles maximes reçoivent, dans tous les temps, chez tous les peuples, des applications nombreuses et très variées. Voici l'application politique la plus importante.

Tout mode de gouvernement, pour être *beau*, *utile*, *aimable*, *durable*, a d'abord besoin d'être *vrai*, c'est-à-dire de remplir, avec vérité, avec intégrité, les conditions de sa nature.

La première condition du gouvernement nommé *représentatif*, est d'admettre à une *représentation* intégrale la totalité du peuple régi par ce mode de gouvernement. S'il n'est qu'une fraction de ce peuple qui soit représentée, le gouvernement est *faux ;*

par conséquent il manque de *beauté*, d'*utilité* ; il ne peut être *aimé;* il ne peut avoir aucune *durée*.

La France, dit-on, est peuplée de 32 millions d'ames. Evaluons à 22 millions le nombre des femmes, des enfans, des prolétaires sans domicile; il reste une population virile, active, domiciliée, de 10 millions d'hommes. On évalue à 80 mille le nombre de ceux à qui la Charte confère le droit électoral. Portons ce nombre à 100 mille. 100 fois 100 mille font 10 millions. Il n'est donc, en France, que la centième partie de la population civique qui soit représentée. Le gouvernement représentatif donné à la France est donc *faux* dans le rapport énorme de 1 à 100.

Faut-il être surpris s'il périclite sans cesse, si la France, au lieu d'être paisible, satisfaite, est toujours inquiète, agitée, si, en un mot, son gouvernement, illusoirement représentatif, manquant de *vérité*, de *beauté*, d'*utilité*, ne se montre point *aimable*, ne plaît à personne, et, quoique si près de sa naissance, manifeste tous les signes de la caducité ?

Il ne plaît à personne ! Pourquoi donc, va-t-on me dire, ces grandes et pompeuses exclamations, en faveur de la Charte, qui retentissent dans presque tous les journaux ?

Ces exclamations sont des mensonges, car jamais elles ne sont précédées ou accompagnées du plus léger commentaire tendant à démontrer les beautés politiques de la Charte. Or quel est l'homme, passionné pour une idole d'un genre quelconque, qui se borne à répéter, à s'écrier : *Je l'aime, je l'aime*, et qui n'ajoute pas : Voyez comme elle est belle! écoutez comme elle est bonne! que de charmes! que de vertus!

Quoi donc cependant! la totalité, ou du moins la majorité d'un peuple peut-elle être menteuse, hypocrite?

Nullement. Parmi les Français aujourd'hui il n'y a, sous le rapport politique, qu'un petit nombre d'hypocrites et de menteurs. Je viendrai à ceux-ci tout à l'heure. Je me hâte, en ce moment, de déclarer que, dans mon opinion, la masse générale des Français préconise la Charte, *faute de mieux, crainte de pis*, et que cette crainte surtout, qui n'a pas toujours été sans fondement, fait encore toute la force des ambitieux qui ne la partagent pas, mais qui l'exploitent.

Pour nous faire bien entendre, nous qui voulons dire la vérité entière, sans faux-fuyans, sans réserve, revenons à notre maxime capitale; et, pour la rendre encore plus précise, changeons un mot; disons : *Rien n'est* bon *que le vrai.* Voici surtout en quoi la Charte, n'étant pas *vraie*, s'est trouvée n'être pas *bonne*.

En éliminant de la représentation nationale les quatre-vingt-dix-neuf centièmes de la population civique, elle a concentré presque toute la faculté électorale dans la partie de cette population qui, située à l'étage moyen de la société, a naturellement le plus d'ardeur pour le mouvement, le changement, le développement. Cette ardeur, par elle-même brillante, progressive, exigeante, a manifesté, dès le début, tous ses penchans. Alors s'est excitée, par l'effroi, l'ardeur répressive ; celle-ci a pris, à son tour, de l'impétuosité, de la passion ; elle a retiré des vieux arsenaux toutes les armes rouillées ; elle a évoqué de leur retraite tous les hommes qui, avec des idées sombres, y avaient contracté une humeur fougueuse ; elle les a lancés en tirailleurs ; par leur audace elle s'est emparée de quelques avant-postes, et, fort indiscrètement, a chanté victoire.

L'alarme, en ce moment, a changé d'objet et de caractère. Presque toute la partie éclairée de la population générale a passé dans le camp des hommes à opinions libres et progressives ; et comme, à toute réunion précipitée, tumultueuse, il faut un drapeau ; comme, de plus, la Charte de 1814 est surabondamment favorable à l'esprit de progrès, la Charte est devenue ce drapeau provisoire, saisi par irréflexion, gardé par habitude.

Ce que je viens de peindre c'est surtout la révolution de 1827, révolution violente, presque fatale à la Monarchie, immédiatement provoquée par la tentative malheureuse de rétablir le droit d'aînesse, de rendre aux Jésuites l'enseignement public, d'arrêter l'essor des écrivains ; mais, tentative malheureuse provoquée elle-même, entraînée, presque justifiée par l'incandescence libérale, suite inévitable du grand vice de la Charte, de la concentration du pouvoir électoral dans la fraction essentiellement pétulante de la société. C'est de là, originairement, que tout découle.

Honneur à Charles X dans la circonstance que je rappelle ! Permettant à ses sujets de penser que quelques-unes de ses affections, que quelques-unes de ses opinions, sont blessées par la disposition des esprits, il n'écoute que ses devoirs d'homme généreux et de Roi citoyen ; il renouvelle son conseil ; il le compose tout entier dans le système d'un dévoûment vrai et loyal à la Charte de 1814 ; il dit à M. de Martignac et à ses collègues : Vos talens, votre habileté, égalent la noblesse de votre âme et votre attachement à ma personne ; on me dit que la Charte, fidèlement exécutée, tranquillisera mon peuple ; prenez-en l'esprit, suivez-en la lettre : je vous approuverai, je vous seconderai.

M. de Martignac et ses collègues se mettent à l'œuvre constitutionnelle avec zèle et conscience. Aussitôt, satisfaction franche et générale dans le parti progressif : il se trouve affranchi d'obstacles si déplacés, d'entraves si importunes ! C'est un beau moment pour le nouveau Ministère ; il est au gré de l'opinion saillante, et il a l'estime du Roi.

Mais le temps marche ; les choses suivent leur cours ; l'exigence du parti progressif, essentiellement croissante, essentiellement indéfinie, ne saurait s'arrêter aux termes de la prudence et de la justice ; sentant les forces que la Charte lui donne, ce parti avance, se développe, menace ; les alarmes du parti conservateur se relèvent, s'exaltent ; de part et d'autre, les censures les plus véhémentes s'adressent au Ministère ; de part et d'autre, la passion et l'animosité sont de retour.

Expérience décisive, qui rend toute autre super-
flue : avec une Chambre élective émanée presque
entièrement d'une fraction du peuple, non seulement très petite, mais essentiellement animée de
l'esprit de changement, tout calme social, toute
stabilité de formes politiques, sont impossibles .Lais-
sez cette Chambre se composer graduellement au
gré de son origine, et, dans peu d'années, ses chefs
actuels, ceux mêmes qui, appuyés de très bonne
foi sur la Charte, n'ont que des intentions honora-
bles, seront débordés, dépassés, rejetés. Girondins
de notre époque, ils seront écrasés par la Mon-
tagne.

Mais, dira-t-on, le Roi n'aura-t-il pas toujours,
en vertu de la Charte, la faculté de dissoudre la
Chambre factieuse, de prévenir ses attentats politiques ?

Eh! à quoi se réduit cette faculté royale dans une
Constitution tronquée? La Royauté mécontente
possède-t-elle, en réalité, un moyen constitutionnel d'en appeler à la raison du peuple, lorsque ce
n'est pas la voix du peuple qui peut se faire entendre, lorsque ce n'est qu'une très petite fraction du
peuple, et une fraction naturellement mobile et
ambitieuse, que la Constitution autorise à se faire
représenter ?

Ne nous abusons plus; l'erreur bientôt devien-
drait fatale ; la Constitution de 1814, fausse et in-
complète comme celle de 1791, quoique à un degré
bien moins alarmant, ne peut qu'entraîner des effets semblables, seulement avec moins de rapidité

et de violence; elle conduit de même à la République, sans grandes convulsions sans doute, parce que les mœurs se sont adoucies. Mais que serait désormais, en France, une Constitution républicaine? Le marche-pied d'un soldat, porté aujourd'hui sur le pavois, demain précipité par le lieutenant qui lui avait applani la route.

Ah! il nous faut la Monarchie, et la Monarchie constitutionnelle; car la Monarchie absolue aurait le même sort que l'usurpation : mais il faut que la Constitution soit vraie, complète, et non fausse, mutilée. Nul Être animé ne peut conserver la vie, si toutes ses parties, également libres, également agissantes, chacune dans sa sphère, ne se mettent en harmonie par l'effet même de cette liberté générale. Comme tout se balance d'une manière ou d'une autre, s'il y a privilége d'une part, de l'autre il y a oppression, et partout il y a souffrance.

J'ai indiqué, dans mes *Principes de morale et de politique*, le mode de Constitution qui me semblait le plus propre à rendre la Monarchie représentative vraie, complète, paisible, inébranlable; je puis m'être trompé sur quelques moyens d'exécution; j'ai moi-même reconnu, depuis la publication de mon écrit, une lacune importante dans le plan que j'ai proposé pour la manifestation et le recensement des suffrages. Mais cette lacune est facile à remplir; ce qu'il importe de fixer, dès ce moment, c'est le Principe; c'est la nécessité urgente, pour la stabilité du trône, pour la tranquillité, la vérité de la Monarchie représentative, d'admettre, *en principe*, le concours du peuple entier à la formation de la représentation publique.

Que le Roi, de concert avec les deux Chambres actuelles, prenne, pour cette grande opération, tout le temps nécessaire, tout le temps, par exemple, qui doit s'écouler encore jusqu'à l'expiration des sept années de la Chambre des députés; que, dans l'intervalle, les esprits et les mœurs se préparent à cette innovation définitive, et qu'enfin elle s'établisse, s'affermisse; qu'elle fonde à jamais la Monarchie et la liberté.

Je sollicite à cet égard l'attention impartiale de tout homme grave. Nous touchons à la dernière crise, et le moment décisif est venu. La nécessité de changer la loi électorale se trouvant démontrée par l'expérience, si l'on se borne à des modifications d'un genre semblable à celui du double vote, on n'aura encore qu'une représentation fractionnaire, par conséquent fausse, par conséquent source continuelle d'agitation et de dangers; les plaintes du parti progressif seront justes; leur expression sera vive, amère, éloquente, souvent séditieuse; par réaction, par précaution, le parti conservateur sera entraîné vers la tyrannie; on sera toujours sur le bord d'une révolution.

Si, au contraire, du premier jet, on pose en but et en principe la représentation générale, c'est la liberté générale, c'est l'harmonie générale que l'on s'apprête à organiser, et l'on est puissamment aidé par l'approbation générale.

Quelques clameurs cependant s'élèveront; et,

ici, je suis conduit à citer ce que je viens d'éprouver de la part du *Constitutionnel*, comme preuve frappante de la vérité de mes raisonnemens et de l'opportunité de mes propositions.

Le 10 décembre, je porte au bureau de ce journal plusieurs exemplaires de mes *Principes de morale et de politique* ; j'offre à M. Étienne, rédacteur en chef, l'exemplaire que je lui ai consacré ; il le reçoit du ton le plus gracieux ; je le prie de m'autoriser à charger de l'examen de mon ouvrage M. Cauchois-Lemaire, qui précédemment a rendu un compte favorable de mon *Explication universelle*. M. Étienne ne me refuse point cette autorisation ; mais il m'annonce, avec des regrets obligeans, que le travail de M. Lemaire sera inutile ; que, faute de place, il ne pourra l'insérer dans le journal. Je me retire, affligé de ce que mon livre, où la cause de la liberté réelle est si franchement soutenue, ne sera pas recommandé aux nombreux lecteurs du Constitutionnel.

Trois jours après, le 13 décembre, quelle est ma surprise de trouver dans ce journal un article ayant pour titre : *Du nouvel écrit de M. Azaïs*, article où, après avoir lancé, sur mes Conférences publiques et mon Explication universelle, les sarcasmes de l'ignorance, on excite contre moi les préventions populaires, en dénaturant mes pensées politiques ; où, par une mauvaise foi remarquable, on dissimule soigneusement ma proposition essentielle ; où, à l'homme qui demande que le peuple entier concoure à la formation de la Chambre élective, on ose dire :

L'esprit de despotisme a dicté votre brochure tout entière !

Je me hâte d'écrire au Constitutionnel une lettre pleine d'égards et de modération. Sans me plaindre des divagations insultantes auxquelles on s'est livré, je me borne à développer l'objet de mon livre, de manière à lui faire trouver grace devant tout libéral vrai et conséquent.

Que je m'abusais en prêtant aux libéraux du Constitutionnel un tel caractère ! Le lendemain, au lieu de ma lettre, je vois, dans ce journal, un second article plus passionné encore, plus injuste que le premier ; et tous les grands mots d'une indignation simulée : Ces *rigueurs de l'opinion* que j'ai appelées sur ma tête ; ce *scandale* que, *par ménagement pour moi*, on veut *épargner au public*, en ne lui exposant pas *mes doctrines*, les vindictes même de l'autorité dont on veut me préserver, car *j'insulte le Roi dans son inviolabilité !*..... En sorte que de tout ce fatras d'allégations fausses et de réticences perfides, il résulte que je suis un factieux bicéphale, d'une tête menaçant le Roi, de l'autre la liberté ! Je ne me croyais pas tant d'audace.

Non, je ne suis pas audacieux ; mais la franchise, l'impartialité, le calme, sont dans mon langage, parce que la vérité est dans mes pensées ; et la vérité est dans mes pensées politiques parce que je les puise à la source unique de toutes les vérités positives, à la connaissance de la loi de balancement réciproque qui, dans l'univers, règle l'emploi de tous les genres de force. La presse périodique est aujourd'hui, en France, une force majeure, pleinement émancipée, agissant, tantôt comme puissance d'aggression, tantôt comme puissance de contrepoids et de résistance. Le Constitutionnel, qui a pris la mission spéciale d'entretenir, dans la partie simple et confiante du Peuple Français, l'irritation anti-dogmatique et anti-féodale, a été merveilleusement servi par la charte de 1814 qui, donnant aux idées de changement l'appui le plus indiscret, a provoqué immédiatement les tentatives non moins indiscrètes de résurrection féodale et dogmatique: thême fécond, que le Constitutionnel a brodé, retourné, amplifié, sans mesure et sans relâche.

Enlevez ce sujet à ses déclamations quotidiennes; renoncez franchement à ce qui ne peut plus être; remplacez les choses d'un autre âge par celles que l'âge actuel réclame, et, à cet égard, tout est compris dans un mot : *liberté générale* ; aussitôt le *Constitutionnel* n'a plus rien à dire; toute sa fortune s'écroule : faute de prétextes, il n'a plus d'irritation à feindre; faute d'alimens, son feu s'éteint.

Voilà ce que sa colère contre moi vous démontre. En résultat, qu'ai-je demandé? que la *liberté générale* soit donnée au peuple français par la *Dictature collective* du Roi et des Chambres, ou, si le Roi et les Chambres ne peuvent parvenir à s'entendre, par la *Dictature temporaire du Roi, ne la prenant que pour cet objet.* Ce mot épouvantable de *Dictature* était une bonne fortune pour le *Constitutionnel*, il s'est hâté de le faire retentir; mais il s'est bien gardé, malgré mes réclamations, malgré mes appels réité-

rés à l'honneur, à la justice, de signaler à ses lecteurs le but essentiel de cette Dictature, soit royale,
soit parlementaire. Découvrant sa fin prochaine
dans les effets inévitables de la liberté générale, en-
nemi de la liberté générale par intérêt de spécula-
tion, par habitude de domination, il a fait à mon
livre l'honneur d'y voir en germe cette révolution
fatale; il a essayé de l'étouffer.

Étouffer mon livre! l'avez-vous espéré? Tyran
débile, ne vous abusez pas sur votre faiblesse; tyran aveugle, apprenez aujourd'hui ce qu'il y a de
force dans la raison et de courage dans la conscience.

Je résume cet écrit.

Le moment est venu de terminer la révolution
française, c'est-à-dire de constituer en France la liberté et l'égalité sous l'égide du Pouvoir monar-
chique; car tel a été, dès le principe, le vœu de
Louis XVI et l'esprit fondamental de notre immense
révolution.

Il n'est qu'un moyen de constituer monarchique-
ment, chez un grand peuple, la liberté et l'égalité;
c'est d'appeler ce peuple tout entier à la formation
du corps politique chargé de le représenter, et, en
même temps, de lier le peuple au monarque par un
second corps politique qui émane à la fois de l'un et
de l'autre.

Si la France semble agitée en ce moment, c'est

parce que ce grand acte va se conclure. Dans toute gradation de mouvemens, le passage du provisoire au définitif est marqué par des tiraillemens plus ou moins pénibles.

Le Roi veut la liberté et le bonheur du Peuple Français : c'est un fait hors de toute contestation. Éclairé aujourd'hui, comme nous tous, par quinze ans d'expérience, il va sans doute demander, et à son peuple, et aux deux Chambres législatives, de l'aider à mettre en œuvre les lumières que cette expérience a données.

Je ne saurais m'attendre à ce qu'une si noble confiance soit repoussée; si elle l'était, le Roi de France, l'héritier de Louis XIV, se trouverait seul chargé d'un pressant devoir.

Mais bannissons toute crainte. La paix arrive. Un Roi bon, vertueux, et un Peuple généreux, aimable, sont dignes de s'entendre. Les Chambres législatives sont composées de Français; elles n'auront entr'elles qu'une émulation de sentimens patriotiques; elles seconderont les intentions du Roi; elles ambitionneront l'honneur d'avoir concouru, avec ce Prince, à fonder en France le grand monument de la civilisation universelle.